il libro delle Emozioni

Storie di emozioni e sentimenti per diventare grandi

CREALIBRI

Suggerimenti per i genitori

Questo libro è pensato per aiutare i bambini a sperimentare e a comprendere meglio le proprie emozioni, i propri stati d'animo e i propri sentimenti e, così facendo, ad acquisire una maggiore autonomia e libertà.

Leggete il libro con il vostro bambino, leggetelo a voce alta, soffermandovi con lui per capire ciò che succede a Orsetto.

Finita la lettura parlate delle emozioni assicurandovi che il bambino ne abbia compreso a fondo l'insegnamento.

Parlare delle loro emozioni aiuta i bambini a capire perché le vivono, a capire che a volte è del tutto normale sentirsi tristi o essere arrabbiati, e che la paura può essere molto utile perché ci avverte di un pericolo!

Ma anche che è importante saper apprezzare i momenti di gioia e di felicità, sapere apprezzare il sentirsi amati... Insomma una maggior comprensione delle emozioni, anche delle più dolorose, e la capacità di accettarle, fa sì che i bambini siano più liberi di godersi il mondo, di sentirsi sicuri delle proprie capacità e di essere felici.

Indice

Sentirsi amato 5

Essere arrabbiato 17

Essere felice 29

Essere geloso 43

Essere gentile 57

Aver paura 71

Sentirsi solo 85

Sentirsi triste 99

sentirsi

AMATO

Essere amati per me è una sensazione davvero bellissima!
Quando qualcuno mi vuole bene è così bello che mi sembra di poter volare lassù in alto, nel cielo blu!

Lassù in mezzo alle nuvole
gioco felice allo scivolo su
tanti grandi, meravigliosi
e coloratissimi arcobaleni!

Mi piace tanto stare con le persone che mi vogliono bene, mi piace giocare e divertirmi con loro!
E quando mi sento amato, una cosa mi viene naturale: ricambiare con tanto amore... chi mi ama!

Per farsi volere bene, infatti, è necessario ricambiare, voler bene a tua volta!

Si capisce quando una persona ti vuole bene, perché è gentile, è disponibile.

Per esempio, quando vuoi bene
a un tuo amico, puoi aiutarlo
a scuola, per esempio
se non riesce a fare
i compiti da solo!

È importante saper voler bene agli altri, ma è importante anche saper voler bene a se stessi. Come? Per esempio sapersi divertire... Ma anche riposarsi per bene quando si è stanchi e concedersi ciò che ci piace!

Voglio tantissimo bene a mamma e papà, e mi sento amato quando mamma mi abbraccia forte e quando papà mi mette sulle spalle!

E voglio tanto bene anche a Miciomiao, il mio gattino, e lo curo con amore.
Vuoi conoscerlo?
È davvero morbido, e ha un pelo soffice come un piumino!
Io lo so, amare ed essere amati è la cosa più bella del mondo: bella... come volare!

essere

ARRABBIATO

La mamma mi dice sempre che arrabbiarsi spesso non serve a nulla e ci fa stare molto male!
In effetti ha proprio ragione, perché quando sono arrabbiato divento tutto rosso e mi sento ribollire dentro come se fossi...
una pentola a pressione!

Se sono soltanto un po' arrabbiato me ne sto per conto mio e faccio "il muso", cioè come dice la mamma sono imbronciato.
Se sono arrabbiato allora non rispondo con educazione e non uso più le buone maniere con chi mi sta intorno...

Se invece sono molto arrabbiato allora divento terribile!
Salto e pesto i piedi... Ruggisco come un grizzly, urlo e me la prendo con tutti, anche...
con gli alberi!

Quando mi arrabbio? Mi arrabbio quando qualcuno mi prende in giro, oppure se i miei amici mi fanno i dispetti! Mi arrabbio molto quando un mio compagno di giochi rompe i miei giocattoli!

E mi fa arrabbiare anche la mia sorellina, che a volte scarabocchia i miei compiti!

E anche quando non
mi lasciano giocare
come voglio!

Papà mi ha consigliato di riflettere sempre prima di arrabbiarmi, perché in alcuni casi è inutile. Per esempio non è giusto che mi arrabbi con la mia sorellina, in quanto lei è

piccolina e non capisce che non dovrebbe scarabocchiarmi i compiti.
Dovrei essere più paziente e spiegarle con calma ciò che non dovrebbe fare!

Papà e mamma mi hanno anche spiegato un trucchetto, quando sono arrabbiato, per tornare tranquillo! Se leggo una bella fiaba o gioco con Miciomiao... la rabbia se ne va!

E anche se osservo la natura, per esempio le farfalle colorate, che mi piacciono tanto!
A volte mi viene da ridere: non ricordo nemmeno... perché mi sono arrabbiato!

essere

FELICE

Essere felice secondo me
è una delle emozioni più
belle e più... divertenti!
Quando sono felice mi
sento leggero, mi va di
giocare con tutti, anche
con gli insetti, e ho voglia
di ridere e saltare!

Quando sono felice mi sento pieno di gioia! Sorrido, e tutto quello che mi circonda mi sembra più bello, anche le apine che volano intorno al favo non mi fanno più paura:

so che se le disturbo mi pungono, ma a me
basta soltanto guardarle... per divertirmi!
E mi sento gioioso anche soltanto annusando
un fiorellino per sentire il suo profumo!

Mi dà gioia e mi fa sentire felice giocare con i miei bellissimi giocattoli, o a nascondermi per farmi cercare da mamma e papà...
Che bellezza, poi, vedere il mio gattino Miciomiao che gioca con un gomitolo di lana facendo salti e capriole davvero incredibili!

Ridere mi fa felice,
e quando sono felice rido tanto...
fino a che mi fa male la pancia!

Giocare con i miei amici e andare d'accordo, scambiarci i giocattoli ma anche fare i compiti insieme mi rende felice!

E poi mi dà gioia cucinare con la nonna, che mi insegna sempre tante cose! Cucinare dolci con la nonna però... mi rende davvero felice!

Stare con papà mi fa felice! Mi piace semplicemente stare con lui, fare le cose insieme...

E non solo.
A volte, infatti non facciamo proprio niente: per essere felice mi basta guardare insieme con lui il sole che tramonta sul lago dopo una meravigliosa giornata passata insieme!

Essere felici, insomma, è bellissimo, e non ci vuole molto!

A me, per esempio, basta sentire un profumo, incontrare il mio migliore amico, e tante altre piccole cose...
E quando sono felice... sono anche più contento di me!

essere

GELOSO

Quando sono geloso mi sento un po' strano, è come se vedessi le stesse cose in un modo diverso!
Quando sono geloso, infatti, mi sento innanzi tutto un po' solo, ma anche un po' triste...

Anzi, mi sento un po' triste e un po' arrabbiato, nello stesso tempo, e a volte mi viene addirittura da piangere!
Quando sono geloso, insomma, non sto per niente bene, anzi, mi sento proprio male!

Per esempio ho paura che nessuno mi voglia più come amico, che nessuno mi voglia più bene e che tutti cerchino di evitarmi e non vogliano più giocare con me!

Allora mi arrabbio tantissimo, ed è come se dentro di me stesse per scoppiare un tremendo temporale con lampi accecanti, terribili tuoni e fulmini!

Un giorno mi sono accorto di essere geloso del mio migliore amico...
Questo è successo perché l'ho visto giocare con un bambino che non conoscevo...
"Vorrei proprio sapere chi è quel bambino che gioca con lui, non l'ho mai visto!" ho pensato "forse preferisce giocare con lui che con me!"
Poi appena il mio migliore amico mi ha visto mi è corso incontro.

«Vieni a giocare con noi?» mi ha chiesto. «Ti presento Eddie!» Allora ho capito che giocare tutti insieme è molto più divertente!

Sono diventato molto geloso anche quando è arrivata la mia sorellina: tutti volevano conoscerla... e tutti avevano occhi soltanto per lei!

Tutti mi passavano davanti... senza nemmeno vedermi!
"Ecco, ora che è arrivata lei io non conto più nulla..." ho pensato.

Avevo paura soprattutto che mamma e papà non mi amassero più, che volessero più bene a lei, anzi che volessero bene soltanto a lei!
E questo mi rendeva tristissimo, anzi disperato.
Avevo tanti brutti pensieri, e non avevo più nemmeno voglia di vederla, quella sorellina guastafeste che mi aveva rubato i miei cari genitori!

Ma mi sbagliavo!
Mamma e papà mi hanno spiegato che non dovevo essere geloso della mia sorellina, perché lei non mi toglieva nulla, anzi, era proprio il contrario!

Tutti mi volevano tanto bene quanto me ne volevano prima, e in più ero diventato un fratello maggiore: ora anche la mia sorellina... mi avrebbe voluto tanto bene!

essere
GENTILE

Essere gentili vuol dire molte cose, per esempio trattare tutti con rispetto, proprio tutti, cioè anche gli animali, come Miciomiao! Essere gentili significa ascoltare gli altri, rivolgersi a tutti con cortesia, e aver anche disponibilità ad aiutare chi è in difficoltà, come la mia amica Gegia che oggi ha dimenticato a casa l'ombrello!

Essere gentili significa anche essere generosi!
Per esempio aiutare il nonno a coltivare l'orto. Lui è un po' anziano e fa fatica! Io sono giovane e molto forte!
Anche lui è molto gentile! Ha sempre coltivato l'orticello da solo regalandomi tanta frutta e verdura buonissima senza mai chiedermi nulla, nemmeno di aiutarlo!

Bisogna essere gentili anche con gli amici!

Quando abbiamo fatto il picnic alla fine della scuola ho invitato i miei compagni. Sono stato davvero gentile, e ho lasciato che i miei amici giocassero mentre io cucinavo per tutti!

Mi hanno ringraziato, e molti amici hanno promesso di cucinare loro al prossimo picnic!

Invento storie fantastiche di pirati, di cavalieri e tante altre per divertire la mia sorellina che adora le fiabe!

Se mi capita di avere un amico in difficoltà faccio di tutto per consolarlo... Nel caso di quel golosone di Volpetto è stato facile!

Lui adora mangiare di tutto, soprattutto le mele! Io aiuto a dimenticare la tristezza con questo gioco divertentissimo... e molto goloso!

Inoltre essere gentili aiuta a sentirsi meglio, a star meglio con se stessi.
È molto importante infatti essere gentili anche con se stessi!
Se vuoi essere gentile con te stesso mangia sano, tanta verdura e tanta frutta e non troppi dolci, pochi hamburger e patatine.
Fai sport, gioca a calcio o a tennis, o fai lo sport che ti piace.
Usa la bicicletta invece dell'autobus e fai tante passeggiate!

E se sei gentile tutti ti vorranno bene, e quando andrai a nanna ti riposerai tranquillo perché sarai in pace con te stesso!

Ah, ho un segreto.
Per essere ancora più gentile uso sempre le paroline magiche che mi ha insegnato il nonno: chi vuole conoscerle?
Eccole!

Grazie

Buona giornata!

Prego

Ti voglio bene!

Per favore

Scusa...

Come stai?

Posso aiutarti?

Buonanotte

aver

PAURA

Aver paura è un'emozione molto forte, una sensazione bruttissima!
È come cadere in un pozzo buio, e cadere sempre più giù, sempre più in fondo senza poter risalire! E in più noi bambini abbiamo tutti paura... del buio!
Quando sono spaventato mi arruffo come un gatto.

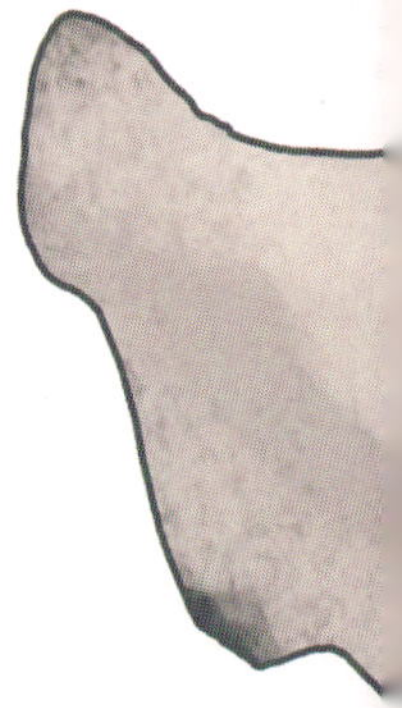

Quando sono spaventato mi nascondo nei posti più strani, oppure scappo a tutta velocità lontano da ciò che mi fa tanta paura. Papà e mamma mi dicono che devo imparare qualcosa anche dalla paura, e che la paura non è sempre un'emozione negativa...

Infatti ci aiuta a capire tante cose, ma soprattutto ci aiuta a capire come comportarci quando siamo di fronte a un pericolo, e se dobbiamo scappare, nasconderci o chiedere aiuto!
Per esempio aver paura del vuoto ci aiuta a stare lontano... dai dirupi!

Se cadiamo perché scivoliamo correndo su una strada ghiaiosa e ci sbucciamo le ginocchia, la prossima volta staremo ben attenti a correre... su un morbido praticello!

A volte, però, per sconfiggere le proprie paure ci vuole proprio l'aiuto di un amico! Il mio amico Volpetto, infatti, che da grande vuol fare il medico, mi ha spiegato perché non devo aver paura degli scheletri, che non possono farci alcun male!

la mamma invece mi ha fatto capire che i pipistrelli non sono affatto pericolosi per noi, perché quasi tutti si nutrono di insetti, e alcuni di loro di frutta!
Spesso, mi ha detto la mamma, abbiamo paura di ciò che non conosciamo...

Anche se a volte ciò che non
conosciamo... è bellissimo!

sentirsi

SOLO

Quando mi sento solo è come se mi trovassi perso nel deserto.

Mi capita di sentirmi solo, però, anche quando sono a scuola con i miei compagni, anche quando sono a una festa di compleanno con i miei amici.

Mi capita di sentirmi solo se mi accorgo che le persone a cui voglio bene o i miei amici stanno bene senza di me...
Se stanno bene anche senza di me allora significa che non mi amano!
Questo mi rende molto triste perché io non potrei mai fare a meno delle persone a cui voglio bene!

Quando mi sento solo non importa certo quanti amici io abbia intorno. Possono essere anche cento o mille, ma questo non mi dà il minimo sollievo! Infatti mi sento esattamente come se fossi rinchiuso in una bolla!

Se un mio amico mi vede in disparte, si avvicina e viene a chiedermi di giocare con lui a palla... io gli rispondo di no, con cortesia, e mi sento ancora più solo e triste: non ne ho nessuna voglia!

Mi capita di sentirmi solo anche a scuola, in classe con i miei compagni: soprattutto quando succede che sono l'unico a non sapere una cosa che tutti gli altri sanno!
E mi sento molto solo anche quando sono a casa con mamma e lei lavora al computer e non può giocare con me!

Mi sento tanto solo se non sono bravo a fare qualcosa, per esempio a giocare a un gioco in cui tutti i miei amici del mare sono bravi!

Ma c'è una cosa che mi capita che è un po' strana.

In certi momenti, invece, star solo mi piace.

Mi piace guardare il mare a sera, e non mi sento solo perché so che nel mare vivono milioni di meravigliose creature!

Mi piace guardare le stelle di notte e pensare che chissà quante altre forme di vita vivono nell'immenso universo.

Mi piace star solo perché credo che nessuno sia mai solo davvero.

E poi non è così male star soli ogni tanto, è un po come ricaricare le batterie.
Non siamo per niente soli, anche se ci sentiamo soli, e per capirlo basta guardarsi intorno!

Dopo aver ricaricato le batterie, infatti sono ancora più pronto, ancora più felice di stare con i miei amici!
Un po' di solitudine ci aiuta a pensare, e a dare valore alle persone che abbiamo intorno per scoprire... che non siamo affatto soli!

sentirsi

TRISTE

Quando cerco di capire che cos'è la tristezza mi vengono in mente tante cose...
Ma riesco a capirla proprio bene se penso che in fondo la risposta è semplice: la tristezza è il contrario della gioia e della felicità!
Quando sono triste tutte le cose che mi sembravano belle diventano brutte.
Quando sono triste i fiori non hanno più profumo e tutti i colori diventano grigi come il cielo in un giorno di pioggia...

La tristezza mi fa diventare un pigrone! Non ho voglia di fare nulla e preferisco starmene per i fatti miei. Sono di malumore, tutto occupato a pensare a cose che mi fanno diventare infelice, come a quel brutto voto preso a scuola, al mio amico Volpetto che è più bravo di me in scienze, alla partita di calcio che abbiamo perso...

La tristezza mi fa sentire come quando viene il sole e il mio pupazzo di neve si scioglie, come quando le vacanze estive sono finite e devo tornare a scuola, come quando babbo Natale è passato e non tornerà fino all'anno successivo...
Quando sono triste mi vengono in mente tutti i dispiaceri del mondo e mi dimentico di tutte le cose belle e che mi danno gioia.

Quando succede qualcosa di grave divento molto triste.

Anche quando i miei amici litigano divento molto triste: c'è sempre un modo migliore che litigare per risolvere i problemi e le discussioni!

Quando il nonno si è ammalato ed è finito in ospedale, poi, mi sono sentito tanto triste quanto non lo ero mai stato!
Per fortuna pochi giorni dopo è guarito!

Parlare con il mio amico Volpetto e condividere il motivo che mi rende triste e infelice mi fa stare molto meglio.
Lo stesso succede a lui con me: quando è triste perché ha preso un brutto voto o quando ha qualche preoccupazione ne parla sempre con me e un po' gli passa!
Forse è proprio per questo che Volpetto è il mio migliore amico e io sono il suo!

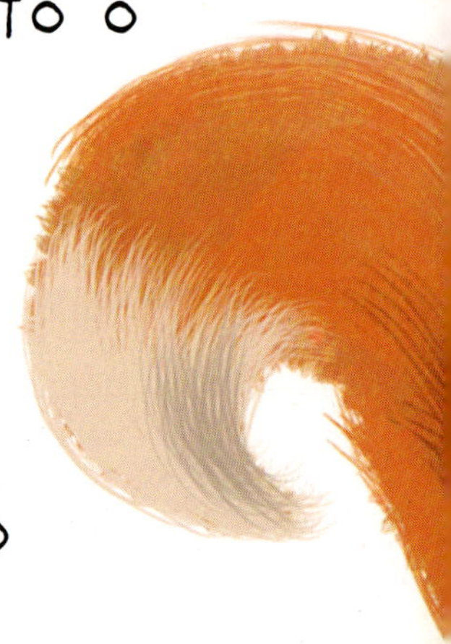

Poi la nonna mi ha dato un consiglio davvero prezioso per combattere la tristezza: un modo è, per esempio, quello di pensare alle cose belle. L'altro, ancora meglio, è di farle! Perché non mangiare un'enorme coppa di gelato?

Perché non andare con papà al Luna Park?
Infine la tristezza... passa sempre!